AF141478

Herausgeber:
Marita Grübl
Nibelungenstr. 15
90513 Zirndorf
Tel. 0911/6002044

m.gruebl@lernen-in-zirndorf.de

Herstellung und Verlag: BoD – Books on Demand, Norderstedt
ISBN: 9783759768230

MIX
Papier aus verantwortungsvollen Quellen
Paper from responsible sources
FSC® C105338
FSC
www.fsc.org

Vorwort

Dieses Buch entstand aufgrund meiner langjährigen Erfahrungen im Nachhilfe- bzw. Förderunterricht mit Schülern und Erwachsenen.

Immer wieder stellte sich heraus, dass grundlegende Begriffe nicht verstanden waren, wenn ein Fachgebiet Schwierigkeiten machte. So möchte ich Ihnen auch ans Herz legen, dieses Grammatikbuch in der vorgegebenen Reihenfolge zu lesen, da neue Begriffe immer erst erklärt werden und für das Verstehen der darauf folgenden Themen sehr wichtig sind. Dieses Grammatikbuch baut auf die Grammatikbücher über die zehn Wortarten (Teil 1), die Zeitformen (Teil 2) und die Veränderung der Wortarten (Teil 3) auf.

Nachdem Grammatik oft als ein trockenes Gebiet angesehen wird, war es mein Anliegen, ein Grammatikbuch zu erstellen, das viele Bilder, einfache Erklärungen und genügend Beispiele enthält, um ein Verständnis der Materie zu erleichtern.

Besonders danken möchte ich L. Ron Hubbard. Seine Forschungen und Erkenntnisse im Bereich des Lehrens und Lernens haben mir ermöglicht, anderen dabei zu helfen, sich Wissen effektiver anzueignen.

Die von L. Ron Hubbard entwickelte Lernmethode wird durch das weltweite Bildungsnetzwerk Applied Scholastics verbreitet. „Applied" bedeutet so viel wie „zur Anwendung gebracht" und „Scholastics" bedeutet in diesem Zusammenhang so viel wie „Bildung". Zusammengesetzt bedeutet es etwa „zur Anwendung gebrachte Bildung". Also etwas lernen, um es praktisch anzuwenden, im Gegensatz zu bloßem theoretischem Wissen.

Ich hoffe, dass Ihnen das vorliegende Buch dabei helfen wird zu verstehen, welche Satzglieder in einem Satz vorkommen können und welche Aufgaben sie erfüllen.

Sollten Sie Probleme beim eigenständigen Durcharbeiten haben, besteht auch die Möglichkeit, einen Grammatikkurs bei einer der Applied-Scholastics-Niederlassungen zu belegen.

Zirndorf, 23. Januar 2020

Marita Grübl

Wichtiger Hinweis

Achten Sie beim Lesen stets sehr sorgfältig darauf, niemals über eine Unklarheit oder ein missverstandenes Wort hinwegzugehen. Wenn der Text an einer Stelle verwirrend für Sie wird, dann lesen Sie nicht weiter, sondern gehen Sie zu der Stelle zurück, an der der Lehrstoff noch leicht verständlich war, und finden Sie das missverstandene oder nicht verstandene Wort.

Deutsche Grammatik in Bildern

In vier aufeinander aufbauenden Teilen wird die deutsche Grammatik einfach erklärt.

Grammatik: Die zehn Wortarten	Die Zeitformen des Verbs	Veränderung der Wortarten	Grammatik: Die Satzglieder

9 783759 766830	9 783759 767721	9 783759 768223	9 783759 768230

Wie kann man sein Wissen vertiefen?

Passende Übungen zum Grammatikbuch mit Lösungteil, einfach den Link eingeben: https://grammatik.maritagruebl.de

Inhaltsverzeichnis

Abschnitt 1

Was ist Grammatik?

Grammatik zeigt uns, wie man Wörter richtig benutzt und wie man diese in Sätzen korrekt verbindet, damit andere unsere Gedanken verstehen können. Grammatik gibt die Regeln an, wie eine Sprache zu verwenden ist. Wir benötigen sie buchstäblich jeden Tag.

Abschnitt 2

Sätze und Satzglieder

Ein Satz besteht aus verschiedenen Wörtern, die eine sprachliche Einheit bilden und in einem sinnvollen Zusammenhang stehen.

Beispiele:

Meine Tochter treibt jeden Tag Sport.
Wir essen heute Mittag im Restaurant.
Die Leute fahren im Sommer gerne in den Urlaub.

„Kind Alter heilt Natur der" oder „Du Straße laufen Kind über wo" wären keine Sätze. Sie bestehen zwar aus Wörtern, ergeben aber keinen Sinn.

Einen Satz kann man in zusammengehörige Teile gliedern. Diese nennt man Satzglieder. Ein Satzglied ist also ein Teil eines Satzes. Es kann aus einem oder mehreren Wörtern bestehen. Unter einem Glied versteht man einen Teil eines Ganzen.

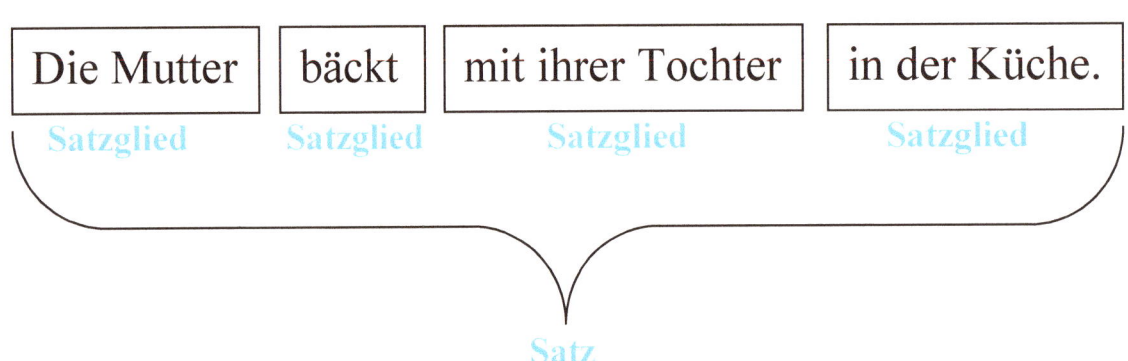

| Die Mutter | bäckt | mit ihrer Tochter | in der Küche. |
| Satzglied | Satzglied | Satzglied | Satzglied |

Satz

Jedes Satzglied erfüllt eine bestimmte Aufgabe in einem Satz. So kann ein Satzglied beispielsweise ausdrücken, **wer** etwas macht, **mit wem** etwas passiert oder **wo** etwas geschieht.

Satzglieder herausfinden – die Umstellprobe

Um genau herauszufinden, welche Teile eines Aussagesatzes ein eigenständiges Satzglied sind, kann man den Satz umstellen. Bei der Umstellprobe geht man wie folgt vor: Man verschiebt ein Wort oder eine Gruppe von zusammenhängenden Wörtern vor die Personalform des Verbs (= das veränderte Verb im Satz, das an Person und Zahl angepasst wurde). Wenn der verschobene Satzteil vor dem Verb in der Personalform allein stehen kann, ist es ein Satzglied.

Beispiel: Sara **hat** mit ihrer Nichte Spaß im Park.
Verb in der Personalform

| Sara | hat | mit ihrer Nichte | Spaß | im Park |

| mit ihrer Nichte | hat | Sara | Spaß | im Park |

| Spaß | hat | Sara | mit ihrer Nichte | im Park |

| im Park | hat | Sara | mit ihrer Nichte | Spaß |

Satzglied   Satzglied   Satzglied   Satzglied   Satzglied

Regeln bei der Umstellprobe:

- ✓ Es dürfen keine neuen Wörter hinzugefügt werden.

- ✓ Es dürfen keine Wörter weggelassen werden.

- ✓ Der Sinn des Satzes darf nicht verändert werden.

Hier folgen noch ein paar weitere Beispiele, wie man durch das Umstellen eines Satzes seine Satzglieder herausfinden kann.

Der Junge / **beißt** / freudig / in den Apfel.

In den Apfel / **beißt** / der Junge / freudig.

Freudig / **beißt** / der Junge / in den Apfel.

Die Frau / **erntet** / jetzt / frische Tomaten.

Frische Tomaten / **erntet** / die Frau / jetzt.

Jetzt / **erntet** / die Frau / frische Tomaten.

Die Kundin / **ist** / heute/ / beim Friseur.

Beim Friseur / **ist** / die Kundin / heute.

Heute / **ist** / die Kundin / beim Friseur.

Satzglieder erkennen – die Ersatzprobe

Eine andere Möglichkeit, Satzglieder zu erkennen, ist die Ersatzprobe. Dabei tauscht man ein vermutetes oder durch die Umstellprobe herausgefundenes Satzglied mit einem ähnlichen Wort bzw. mit einer ähnlichen Wortgruppe. Der Satzbau darf sich nicht ändern.

<u>Beispiele:</u>

Ich	arbeite	am Donnerstag.
Ich	arbeite	donnerstags.
Ich	arbeite	einmal in der Woche.

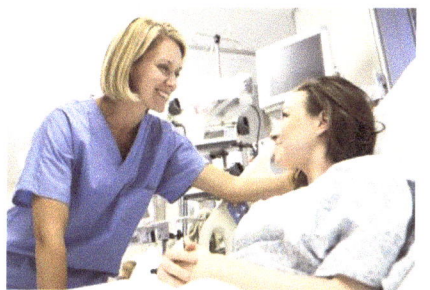

Meine Freunde	bleiben	in Paris.
Sie	bleiben	dort.
Sara und Max	bleiben	in Frankreich.

Meine Tochter	hilft	ihrem Opa.
Andrea	hilft	ihm.
Sie	hilft	Max.

Toms Vater	fährt	in zehn Minuten.
Max	fährt	später.
Er	fährt	bald.

Satzglieder erkennen – die Ersatzprobe

Abschnitt 3

Das Subjekt

Die Satzglieder in einem Satz haben verschiedene Aufgaben und Namen. Das Subjekt ist ein Satzglied, das uns die Person oder Sache nennt, von der ein Ereignis ausgeht oder zu der ein Zustand gehört.

Es steht meistens an erster Stelle im Satz. Das Subjekt kann man mit der Frage **„wer oder was?"** erfragen. **Wer** fragt nach einer Person und **was** fragt nach einer Sache. Das Subjekt kann aus einem Wort oder aus mehreren Wörtern bestehen. Es wird auch Satzgegenstand genannt.

Herkunft Subjekt: lat. subiectum „darunter gelegt, d. h., was der Aussage zugrunde liegt.

<u>Beispiele:</u>

Das Mädchen läuft in die Schule

Wer oder was läuft in die Schule?

Subjekt: **das Mädchen.**

Die Blumen sind in der Vase.

Wer oder was ist in der Vase?

Subjekt: **die Blumen.**

Giraffen fressen gerne Blätter.

Wer oder was frisst gerne Blätter?

Subjekt: **Giraffen.**

Die Frage nach dem Subjekt ist dieselbe wie nach dem Nominativ. Fragt man nach einem Nomen im Nominativ, so ist nur das Nomen die Antwort. Fragt man nach dem Subjekt, so bekommt man das ganze Satzglied als Antwort. Das Subjekt steht immer im Nominativ.

Beispiel:

Die leckeren Pfannkuchen sind fertig.

Frage nach dem Nomen im Nominativ:
Wer oder was ist fertig?
Nomen im Nominativ: **Pfannkuchen**

Frage nach dem Subjekt:
Wer oder was ist fertig?
Subjekt: **die leckeren Pfannkuchen**

Pronomen als Subjekte

Auch Pronomen wie zum Beispiel Personal- oder Indefinitpronomen können Subjekt eines Satzes sein.

Beispiele:

Niemand ist unterwegs.

Wer oder was ist unterwegs?

Subjekt: **Niemand.**
(= Indefinitpronomen)

Sie sitzt auf dem Pferd.

Wer oder was sitzt auf dem Pferd?

Subjekt: **sie.**
(= Personalpronomen)

Abschnitt 4

Das Prädikat

Das Prädikat ist ein Satzglied, das ausdrückt, was das Subjekt macht oder es gibt den Zustand des Subjekts an. Man kann es erfragen mit **„was tut das Subjekt?"** Das Prädikat besteht immer aus einem Verb und es steht im Aussagesatz an zweiter Stelle. Das Prädikat wird auch Satzaussage genannt.

Herkunft Prädikat: lat. praedicatum, vom lat. praedicare, „öffentlich ausrufen, verkünden"

Beispiele

Emma spielt mit ihrer Katze.

Was tut Emma?

Prädikat: **spielt.**

Das Kind pflückt Erdbeeren.

Was tut das Kind?

Prädikat: **pflückt.**

Lisa und Paula füttern die Hühner.

Was tun Lisa und Paula?

Prädikat: **füttern.**

Mehrteilige Prädikate

Ein Prädikat kann einteilig oder mehrteilig sein.

Wenn ein Prädikat mehrteilig ist, kann es aus einem **Vollverb** und einem **Hilfsverb** oder **modalen Hilfsverb** bestehen.

Beispiele:

Jemand **hat** den Tisch **gedeckt**
    Hilfsverb   Vollverb

Sie **können** heute Schlitten **fahren**
   modales Hilfsverb   Vollverb

Wenn ein Vollverb aus einer **abtrennbaren Vorsilbe** besteht, ist das Prädikat auch mehrteilig.

Beispiele:

Die Familie **bereitet** das Frühstück **zu**
(zubereiten)

Peter **schneidet** die Tomaten **auf**
(aufschneiden)

Vollständige Sätze

Vollständige Sätze bestehen aus einem Subjekt und einem Prädikat. Solche kurzen Sätze geben zwar nicht so viele Informationen, aber sie sind grammatikalisch komplett.

Beispiele:

Die Katze   frisst
Subjekt   Prädikat

Das Baby   lacht
Subjekt   Prädikat

Numerus und Person

Das Verb eines Satzes muss in Numerus (Singular/Plural) und Person mit dem Subjekt übereinstimmen.

Beispiele:

Die Kinder spielen Fußball.

Subjekt = 3. Person Plural   →   Prädikat muss angepasst werden

Nicht: Die Kinder spielt Fußball.

Maria rennt über die Straße.

Subjekt = 3. Person Singular   →   Prädikat muss angepasst werden

Nicht: Maria rennen über die Straße.

Abschnitt 5

Das Objekt

Das Objekt ist ein Satzglied, das den Satz mit zusätzlichen Informationen ergänzt. Es wird deshalb auch Satzergänzung genannt. Je nachdem, in welchem Fall das Objekt steht, spricht man von Genitivobjekt, Dativobjekt oder Akkusativobjekt. Das Objekt hat also die Aufgabe, weitere Informationen über ein Geschehen zu geben.

Herkunft Objekt: lat. obiectum, Partizip Perfekt von obicere, „entgegenwerfen".

Beispiele:

Das Mädchen schreibt.
(Subjekt + Prädikat)

Das Mädchen schreibt einen Brief.
(Subjekt + Prädikat + Objekt)

Das Mädchen schreibt Sandra einen Brief.
(Subjekt + Prädikat + Objekt + Objekt)

Genitivobjekt

Nach dem Genitivobjekt fragt man mit der Frage **„wessen?".** Es ist die gleiche Frage wie nach dem Genitiv (2. Fall). Das Genitivobjekt kommt nicht so häufig vor.

Beispiele:

Sie erfreut sich bester Gesundheit.

Wessen erfreut sie sich?

Genitivobjekt: **bester Gesundheit.**

Paul erfreut sich seiner Pause.

Wessen erfreut sich Paul?

Genitivobjekt: **seiner Pause.**

Dativobjekt

Nach dem Dativobjekt fragt man mit **„wem?".** Es ist die gleiche Frage wie nach dem Dativ (3. Fall). Das Dativobjekt bezeichnet fast immer eine Person, seltener eine Sache. Es wird auch Satzergänzung im dritten Fall genannt.

<u>Beispiele:</u>

Der Junge hilft seinem Großvater.

Wem hilft der Junge?

Dativobjekt: **seinem Großvater.**

Sie gießt ihrer Freundin Wasser ein.

Wem gießt sie Wasser ein?

Dativobjekt: **ihrer Freundin.**

Die Tante erzählt ihm etwas Lustiges.

Wem erzählt sie etwas Lustiges?

Dativobjekt: **ihm.**

Die häufigsten Verben, die den Dativ verlangen, sind Verben des **Gebens und Nehmens** wie zum Beispiel bringen, geben, helfen, leihen, schenken oder schicken und **Verben der Mitteilung** wie zum Beispiel antworten, empfehlen, erklären, sagen oder zeigen.

Akkusativobjekt

Nach dem Akkusativobjekt fragt man mit **„wen oder was?"**. Es ist die gleiche Frage wie nach dem Akkusativ (4. Fall). Diese Objektart kommt in Sätzen am häufigsten vor. Das Akkusativobjekt wird auch Satzergänzung im vierten Fall genannt.

Beispiele:

Großvater bekommt ein Geschenk.

Wen oder was bekommt Großvater?

Akkusativobjekt: **ein Geschenk.**

Das Brautpaar genießt die Hochzeitsfeier.

Wen oder was genießt das Brautpaar?

Akkusativobjekt: **die Hochzeitsfeier.**

Anna hält die frischen Tulpen im Arm.

Wen oder was hält Anna im Am?

Akkusativobjekt: **die frischen Tulpen.**

Auch Pronomen können Akkusativobjekte sein.

Beispiele: Der Lehrer mag **dich.**
Anna hat **niemanden** angetroffen.
Sie macht **es** (das Zimmer) sauber.
Meine Mutter unterstützt **mich.**
Er leiht **ihn** (den Tisch) seinem Bruder.

Transitive Verben

Man spricht von **transitiven Verben,** wenn sie ein Akkusativobjekt als Ergänzung haben müssen. In Wörterbüchern sind sie in der Regel mit **Vt** (= transitives Verb) gekennzeichnet.

Herkunft transitiv: zu lat. transitus, Partizip Perfekt von transire, „(hin)übergehen" (auf das Objekt).

Die folgenden Sätze würde ohne Akkusativobjekt keinen Sinn ergeben. Sie enthalten transitive Verben.

Mein Sohn braucht Zuneigung

Sie genießt ihre Ruhe

Wir lieben unsere Gartenarbeit

Sie schenkt ihr Blumen

Intransitive Verben

Wenn Verben kein Akkusativobjekt nach sich ziehen müssen, nennt man sie **intransitiv.** In Wörterbüchern sind sie in der Regel mit **Vi** (= intransitives Verb) gekennzeichnet.

Herkunft intransitiv: siehe vorherige Seite + lat. in- = nicht

Die folgenden Sätze ergeben auch ohne Akkusativobjekt Sinn. Sie enthalten intransitive Verben.

Der Hund schläft   Die Sonne geht unter

Es gibt auch Verben, die sowohl transitiv als auch intransitiv verwendet werden können. Solche Verben sind in der Regel in Wörterbüchern mit **Vt/i** gekennzeichnet. Die Verben der folgenden Sätze können sowohl mit als auch ohne Akkusativobjekt verwendet werden.

Die Freunde essen (eine Pizza)   Die Kinder singen (schöne Lieder)

Präpositionalobjekt

Es gibt Verben, die zusammen mit einer Präposition verwendet werden, zum Beispiel denken an, streben nach, achten auf, aufhören mit usw. Kommt ein solches Verb in einem Satz vor, nennt man das Objekt, das auf diese Präposition folgt, ein Präpositionalobjekt.

Um nach dem Präpositionalobjekt zu fragen, muss man die Präposition in die Frage mit einbeziehen. Das Präpositionalobjekt kann im Dativ oder im Akkusativ stehen.

Beispiele:

Emma freut sich schon **auf ihren Geburtstag.**
Hier kann man nicht fragen: Wen oder was freut sich Emma?

Die Frage nach dem Präpositionalobjekt muss lauten:
Auf wen oder was freut sich Emma?

Antwort: **auf ihren Geburtstag. (= Präpositionalobjekt im Akkusativ)**

Sie sucht nach einer Lösung.

Nach wem sucht sie?

Präpositionalobjekt: **nach einer Lösung.**

Kasus: Dativ

Er schwärmt immer noch von dem Fisch.

Von wem schwärmt er immer noch?

Präpositionalobjekt: **von dem Fisch.**

Kasus: Dativ

Ich denke gerne an unseren Urlaub.

An wen oder was denke ich gerne?

Präpositionalobjekt: **an unseren Urlaub.**

Kasus: Akkusativ

Alex berichtet über das Konzert.

Über wen oder was berichtet Alex?

Präpositionalobjekt: **über das Konzert.**

Kasus: Akkusativ

Das Präpositionalobjekt kann auch gemeinsam mit einem anderen Objekt im Satz vorkommen.

Beispiele:

Ich	frage	meinen Nachbarn	nach dem Weg.
Subjekt	Prädikat	Akkusativobjekt	Präpositionalobjekt

Peter	sucht	mit seiner Schwester	den Autoschlüssel.
Subjekt	Prädikat	Präpositionalobjekt	Akkusativobjekt

Hans	bittet	seinen Chef	um eine Gehaltserhöhung.
Subjekt	Prädikat	Akkusativobjekt	Präpositionalobjekt

Der Mann	erzählt	seinen Kindern	von der Reise.
Subjekt	Prädikat	Dativobjekt	Präpositionalobjekt

Abschnitt 6

Das Prädikativ

Das Prädikativ ist ein Teil des Prädikats und bezieht sich entweder auf das Subjekt oder Objekt eines Satzes und kommt nur mit ganz bestimmten Verben vor. Es ist kein eigenständiges Satzglied.

<u>Beispiel:</u>

Meine Freundin spielt Tennis.
→ normaler Satz **ohne Prädikativ**

Frage nach dem Objekt:
Wen oder was spielt meine Freundin?

Antwort: **Tennis.**

Meine Freundin ist Ärztin.
→ Satz **mit Prädikativ**

Frage nach dem Prädikativ:
Wer/Was ist meine Freundin?

Antwort: **Ärztin.**

Bei dem Beispielsatz mit dem Prädikativ kann man nicht die gewöhnliche Frage (Wen oder was ist meine Freundin?) nach dem Objekt benutzen.

Prädikative tauchen auch unter den Begriffen Gleichsetzungsnominativ, Gleichsetzungsakkusativ, Prädikatsnomen oder Prädikativum auf.

Subjektprädikativ

Das Prädikativ, das sich auf das Subjekt bezieht, kommt mit den folgenden Verben vor: **sein, werden, bleiben, heißen** und **scheinen.**

Da es sich auf das Subjekt des Satzes bezieht, wird dieses Prädikativ auch Subjektprädikativ genannt. Durch das Prädikativ wird eigentlich eine Gleichsetzung zwischen dem Subjekt und einer bestimmten Eigenschaft ausgedrückt.

<u>Beispiele:</u>

Max ist **Schreiner.** (Max = Schreiner)

Ich werde **gesund.** (Ich = gesund)

Paula ist **eine kluge Studentin.** (Paula = eine kluge Studentin)

<u>Beispiele für Subjektprädikative:</u>

Er   ist   **Fitnesstrainer.**

Subjekt   Prädikat

Fitnesstrainer = Prädikativ

Seine Freundin   heißt **Susanne.**

Subjekt   Prädikat

Susanne = Prädikativ

Es   bleibt   **regnerisch.**

Subjekt   Prädikat

regnerisch = Prädikativ

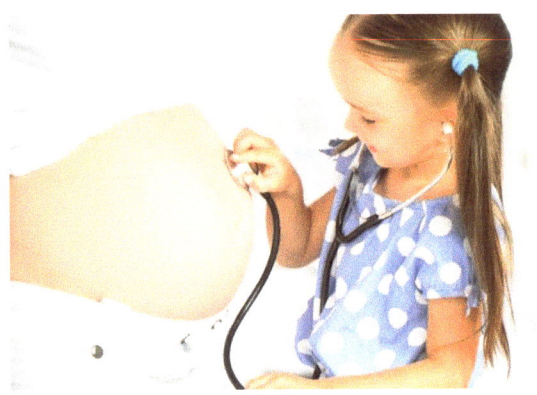

Lisa wird **eine gute Ärztin,**

Subjekt   Prädikat

eine gute Ärztin = Prädikativ

Das Subjektprädikativ kann aus verschiedenen Wortarten bestehen.

Beispiele:

Mein Vater ist **Hausmeister.**   → Nomen

Ihr Bruder bleibt **lange.**   → Adjektiv

Der Nachbar war **es.**   → Pronomen

Ihr wart **wenige.**   → Numerale

Das war früher **anders.**   → Adverb

Diese Informationen sind **von Interesse.**   → Präposition + Nomen

Objektprädikativ

Ein Objektprädikativ bezieht sich auf das Akkusativobjekt eines Satzes und bestimmt es näher. Das Objektsprädikativ kommt mit Verben wie **nennen, finden, halten für, betrachten als** vor.

Das Objektsprädikativ kann aus verschiedenen Wortarten bestehen.

Beispiele:

Sein Lehrer nennt Peter **einen Lügner.**   → Nomen im Akkusativ

Wir finden deine Tochter **süß.**   → Adjektiv

Sara hält Dr. Huber **für einen guten Arzt.**   → Präposition + Nomen

Wir betrachten die Lösung **als geeignet.**   → Präposition + Adjektiv

26

Beispiele für Objektprädikative:

Er   findet   deine Idee   **gut.**
Subjekt   Prädikat   Akkusativobjekt   Prädikat

gut = Objektprädikativ

Sie   nennt   ihren Freund   **Maxi.**
Subjekt   Prädikat   Akkusativobjekt   Prädikat

Maxi = Objektprädikativ

Die Kinder   halten   das Schloss   **für geheimnisvoll.**
Subjekt   Prädikat   Akkusativobjekt   Prädikat

für geheimnisvoll = Objektprädikativ

Abschnitt 7

Das Adverbial

Ein Adverbial ist ein Satzglied, das dem Satz bzw. dem Verb noch genauere Angaben hinzufügt. Es gibt Auskunft, **wann, wo, wie, warum** usw. etwas passiert. Das Adverbial kann aus einem Wort oder aus mehreren Wörtern bestehen, aber es muss nicht zwingend in einem Satz vorkommen.

Da ein Adverbial die näheren Umstände eines Geschehnisses angibt, wird es auch Umstandsbestimmung oder Umstandsangabe genannt. Man kann Adverbiale in vier große Gruppen einteilen:

Ortsangabe

Lisa übernachtet **in ihrem Zelt**

Zeitangabe

Die Krokusse blühen **im Frühling**

Angabe des Grundes

Sie benutzt einen Regenschirm **wegen des Regens**

Angabe der Art und Weise

Er zerkleinert den Baumstamm **mit einer Motorsäge**

Adverbial der Zeit (Temporaladverbial)

Adverbiale der Zeit geben im Satz nähere Informationen zu den zeitlichen Umständen und werden auch Zeitangabe oder Temporaladverbial genannt.

Herkunft temporal: lat. temporalis

Zeitliche Angaben können sich auf einen Zeitpunkt, auf einen Zeitraum oder auf eine Wiederholung beziehen. Man kann sie mit bestimmten Fragen leicht herausfinden.

Zeitpunkt	Wann?	Der Zug kommt **in fünf Minuten.** Wir frühstücken **um 9.00 Uhr.**
Zeitraum	Seit wann?	Er lernt **seit heute Morgen.** Maria arbeitet **seit Januar.**
	Wie lang?	Ich bleibe **zwei Wochen.** Meine Tochter bleibt **bis 14.00 Uhr.**
	Bis wann?	Susanne bleibt **bis Sonntag.** Er hat das Haus **bis gestern** renoviert.
Wiederholung	Wie oft?	Meine Schwester joggt **häufig.** Der Junge übt **jeden Tag** Gitarre.

Beispiele:

An Weihnachten gibt es Geschenke.

Wann gibt es Geschenke?

Temporaladverbial: **an Weihnachten.**

Das Kind hat seit heute Morgen Fieber.

Seit wann hat das Kind Fieber?

Temporaladverbial: **seit heute Morgen.**

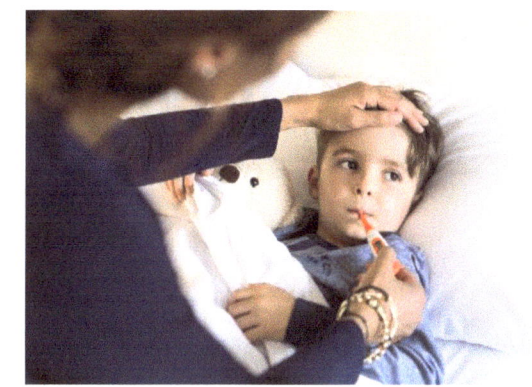

Sie sind häufig mit dem Rad unterwegs.

Wie oft sind sie mit dem Rad unterwegs?

Temporaladverbial: **häufig.**

Die Tochter blieb drei Tage bei den Eltern.

Wie lange blieb die Tochter?

Temporaladverbial: **drei Tage.**

Sie haben bis in die Nacht geübt.

Bis wann haben sie geübt?

Temporaladverbial: **bis in die Nacht.**

Adverbial des Ortes (Lokaladverbial)

Satzglieder können auch nähere Angaben darüber machen, wo etwas geschieht. Man spricht dann von einem Adverbial des Ortes. Man kann sie durch die Fragen **wo?, wohin?, woher?, wie weit?** herausfinden. Sie werden auch Ortsangabe oder Lokaladverbial genannt.

Herkunft lokal: spätlat. localis = örtlich, zu lat. locus = Ort, Platz, Stelle

Örtliche Angaben können sich auf Ort, Richtung, Herkunft oder Entfernung beziehen.

Ort	Wo?	Wir frühstücken heute **im Garten.** Ich traf ihn heute **auf dem Markt.**
Richtung	Wohin?	Lisa verschwand **in ihr Zimmer.** Die Familie fuhr **nach Norwegen.**
Herkunft	Woher?	Sie kam gestern **aus Spanien.** Der Mann kam **aus der Dunkelheit.**
Entfernung	Wie weit?	Ich bin **den ganzen Weg** gelaufen. Er ist **50 km** mit dem Rad gefahren.

Beispiele:

Herrliche Blumen blühen in den Alpen.

Wo blühen herrliche Blumen?

Lokaladverbial: **in den Alpen.**

Das Paar zieht ins neue Haus ein.

Wohin zieht das Paar?

Lokaladverbial: **ins neue Haus.**

Er bringt das Gebäck aus der Backstube.

Woher bringt er das Gebäck?

Lokaladverbial: **aus der Backstube.**

Das Paar reist von Hamburg bis München mit dem Zug.

Wie weit reist das Paar mit dem Zug?

Lokaladverbial:
von Hamburg bis München.

Die Wassergymnastik ist im Hallenbad.

Wo ist die Wassergymnastik?

Lokaladverbial: **im Hallenbad.**

Adverbial des Grundes (Kausaladverbial)

Mit einem Adverbial des Grundes gibt man an, warum etwas geschieht oder so ist. Man kann die Adverbiale des Grundes zum Beispiel mit folgenden Fragen finden: **weshalb?, warum?, aus welchem Grund?**

Häufig wird ein Adverbial des Grundes durch die Präpositionen **aus, wegen, vor** oder **durch** eingeleitet. Es wird auch Kausaladverbial genannt.

Herkunft kausal: spätlateinisch causalis, zu: causa= Grund, Ursache, Sache

Grund/Ursache	Warum/Weshalb?	Paul starb **an seinen Verletzungen.** Er handelte **aus Eifersucht.**
Bedingung	Unter welcher Bedingung?	**Bei Regen** bleiben wir zu Hause. **Unter diesen Umständen** macht es keinen Sinn.
Zweck	Wozu?	Ich fahre **zur Erholung** ans Meer. Er treibt Sport **wegen seiner Fitness.**
Folgerung	Aufgrund welcher Voraussetzung?	**Angesichts des Glatteises** fahren wir nicht mit dem Auto. **Bei ihrem Einkommen** kann sie sich das nicht leisten.
Gegengrund	Trotz welchen Umstands?	Sie ging **trotz des Sturmes** spazieren. **Ungeachtet ihrer Schmerzen** ging sie zur Arbeit.

Beispiele:

Aus Neugier hörten die Kinder zu?

Aus welchem Grund hörten sie zu?

Kausaladverbial: **aus Neugier.**

Er wurde wegen seines Könnens gelobt.

Weshalb wurde er gelobt?

Kausaladverbial: **wegen seines Könnens.**

Alle jubeln vor Begeisterung.

Warum jubeln alle?

Kausaladverbial:
vor Begeisterung.

Bei Regenwetter fahren wir mit dem Auto.

Unter welcher Bedingung fahren wir mit dem Auto?

Kausaladverbial: **bei Regenwetter.**

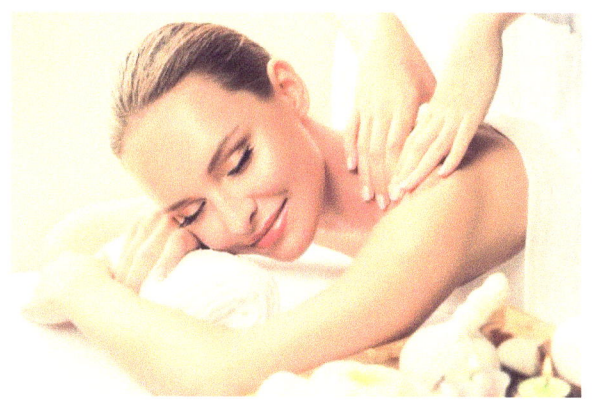

Ich gehe zur Entspannung zu einer Massage.

Wozu gehe ich zu einer Massage?

Kausaladverbial:
zur Entspannung.

Adverbial der Art und Weise (Modaladverbial)

Das Adverbial der Art und Weise ist ein Satzglied, das uns Auskunft über die Beschaffenheit, die Quantität, die Intensität, die Unterschiedlichkeit oder das Material eines Subjektes gibt. Durch Fragen wie **auf welche Weise?, unter welchen Umständen?, wie?, womit?** usw. kann man das Adverbial der Art und Weise herausfinden.

Es wird auch Modaladverbial genannt. Häufig wird es mit Präpositionen wie **mit, aus** oder **ohne** eingeleitet.

Herkunft modal: zu lateinisch modus = Maß, Art (Aussage)weise, Melodie, eigtl. = Gemessenes, Erfasstes

Art und Weise	Wie?	Er rennt **heulend** ins Zimmer. Ihm geht es heute **sehr gut.**
Quantität	Wie viel?	Mein Mann arbeitet **zu viel.** Heute haben wir **genug** gelernt.
Intensität	Wie sehr?	Rita nervte mich **übermäßig.** Er wurde **in höchstem Maße** gelobt.
Veränderung	Um wie viel?	Er hat sich **um zwei Noten** verbessert. Der Preis ging **um 10 Prozent** zurück.
Angabe des Materials	Woraus?	Susi hat einen Tisch **aus Glas.** Max hat einen Pullover **aus Wolle.**
Mittel/Werkzeug	Womit/Wodurch?	Sie lockert die Erde **mit einer Hacke. Mithilfe der Brille** kann er lesen.
Begleitung	Mit wem?	Anna fährt **mit ihrer Tochter** weg. Lea isst **mit Lisas Tochter** zu Abend.

Beispiele:

Sie erteilte freundlich Auskunft.

Wie erteilte sie Auskunft?

Modaladverbial: **freundlich.**

Die Ärztin entfernte die Zecke mit einer Pinzette.

Womit entfernte die Ärztin die Zecke?

Modaladverbial: **mit einer Pinzette.**

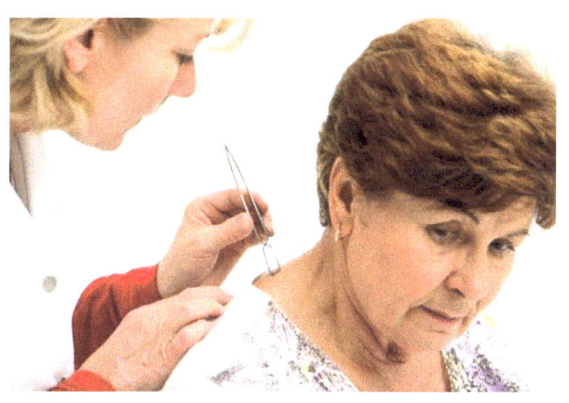

Paul sitzt mit seiner Frau am Strand.

Mit wem sitzt Paul am Strand?

Modaladverbial: **mit seiner Frau.**

Jemand kochte Marmelade aus Himbeeren.

Woraus kochte jemand Marmelade?

Modaladverbial: **aus Himbeeren.**

Paula half mit großem Eifer.

Wie half Paula?

Modaladverbial: **mit großem Eifer**

Die junge Frau trainierte ohne große Mühe.

Unter welchen Umständen trainierte sie?

Modaladverbial: **ohne große Mühe.**

Sie freut sich riesig über den Anruf.

Wie sehr freut sie sich?

Modaladverbial: **riesig.**

Die Waren kosten um 60 Prozent weniger.

Um wie viel kosten die Waren weniger?

Modaladverbial: **um 60 Prozent.**

Besonderheiten bei Adverbialen

In einem Satz können auch mehrere Adverbiale gleichzeitig vorkommen.

Beispiele:

Heute Abend   backe   ich   in der Küche   eine Pizza.
Temporaladverbial   Prädikat   Subjekt   Lokaladverbial   Akkusativobjekt

Wegen des Sturms   schloss   er   schnell   die Fenster.
Kausaladverbial   Prädikat   Subjekt   Modaladverbial   Akkusativobjekt

Ihr Sohn   lernte   heute   nicht   in seinem Zimmer.
Subjekt   Prädikat   Temporaladverbial   Modaladverbial   Lokaladverbial

Adverbiale können aus einem oder mehreren Wörtern bestehen.

Beispiele mit einem Wort:

Die Oliven liegen **dort.**

Mein Nachbar arbeitet **nachts**.

Glücklicherweise gab es keinen Stau.

Anstandshalber begrüßte er die Gäste.

Wir werden **morgen** unsere Großeltern besuchen.

Beispiele mit mehreren Wörtern:

Unsere Kinder gehen **in die Schule.**

Das Konzert findet **in einer Woche** statt.

Bei schlechtem Wetter fällt das Grillfest aus.

Wegen des Nilpferdes hielt der Autofahrer an.

Er fährt sein Auto **mit hoher Geschwindigkeit.**

Präpositionalobjekt oder Adverbial?

Präpositionalobjekte werden immer mit einer Präposition gebildet, aber auch einige Adverbiale beginnen mit einer Präposition. Aus diesem Grund können diese beiden Satzglieder leicht verwechselt werden. Die Fragestellung hilft bei der Erkennung der Satzglieder enorm.

<u>Beispiele:</u>

Die Leute warten **auf den Zug**   Die Leute warten **auf dem Bahnsteig**

Auf wen oder was warten sie?   **Wo** warten sie?

Antwort: auf den Zug.   Antwort: auf dem Bahnsteig.

= Präpositionalobjekt   = Lokaladverbial

Das Tauschen der Präposition ist eine weitere Möglichkeit, um die Art des Satzgliedes herauszufinden. Die einleitende Präposition des Adverbials kann durch eine andere Präposition ersetzt werden. Die Bedeutung des Satzes kann sich dadurch zwar verändern, aber der Sinn des Satzes bleibt grundsätzlich erhalten. (Beispiel: Er wartet **vor/bei/an/in** der Schule).

Bei Präpositionalobjekten geht das nicht. Tauschen wir hier die Präposition, die eng mit dem Verb verknüpft ist, ergibt der Satz keinen Sinn mehr.
(Beispiel: Paul steht **auf** mich – tauschen wir das **auf,** geht der Sinn verloren.)

Weitere Beispiele:

Die Bilder hängen an der Wand

Wo hängen die Bilder?

Antwort: an der Wand.

= Lokaladverbial

Sie hängt sehr an ihrem Sohn

An wem hängt sie sehr?

Antwort: an ihrem Sohn.

= Präpositionalobjekt

Der Ball kommt auf den Boden zurück

Wohin kommt der Ball zurück?

Antwort: auf den Boden.

= Lokaladverbial

Ich komme auf das Angebot zurück

Auf was komme ich zurück?

Antwort: auf das Angebot.

= Präpositionalobjekt

Abschnitt 8

Wortart oder Satzglied?

Oft werden Wortarten und Satzglieder verwechselt. Mit den Wortarten ordnet man jedes Wort einer bestimmten Gruppe zu. Satzglieder hingegen sind Teile eines Satzes, die aus einem oder mehreren Wörtern bestehen und bestimmte Aufgaben in einem Satz übernehmen.

Man kann einen Satz unterschiedlich betrachten. Einerseits kann man herausfinden, aus welchen Wortarten er besteht, und andererseits kann man ihn hinsichtlich der Satzglieder betrachten.

Beispiele:

Satzglieder

Sara	füttert	die Katze	dort.
Subjekt	Prädikat	Akkusativobjekt	Lokaladverbial

Wortarten

Sara	füttert	die	Katze	dort.
Nomen	Verb	bestimmter Artikel	Nomen	Adverb

Satzglieder

Eine schöne Frau	liegt	in der Wiese.
Subjekt	Prädikat	Lokaladverbial

Wortarten

Eine	schöne	Frau	liegt	in	der	Wiese.
Unbestimmter Artikel	Adjektiv	Nomen	Verb	Präposition	bestimmter Artikel	Nomen

Abschnitt 9

Das Attribut – die Beifügung

Teile, die den Satzgliedern beigefügt werden, nennt man Attribute bzw. Beifügungen. Mit den Attributen kann man einem Satzglied noch genauere Informationen hinzufügen. Sie sind aber keine eigenständigen Satzglieder, deshalb nennt man sie auch Satzgliedteile.

Es ist typisch für Attribute, dass man sie weglassen kann, ohne dass der Sinn des Satzes wesentlich verändert wird. Sie können in verschiedenen Satzgliedern vorkommen, ausgenommen beim Prädikat. Es gibt unterschiedliche Arten von Attributen.

Herkunft Attribut: lat. attributum „das beigelegte (Merkmal)"; zu attribuere „zuschreiben, beilegen"

Beispiele:

Gestern / wurden / die **neuen** Liegestühle / geliefert (**neuen = Attribut**)

Das Kochen / machte / ihnen Spaß

Das Kochen **des Gemüses** / machte / ihnen Spaß

(**des Gemüses = Attribut**)

45

Adjektivattribut

Ein Adjektivattribut ist eine Beifügung zu einem Satzglied, die aus einem Adjektiv, Partizip Präsens oder Partizip Perfekt bestehen kann.

<u>Beispiele:</u>

Wir / kauften / ein Haus / am See.

Wir / kauften / ein **wunderschönes** Haus / am See.

Attribut = Adjektiv

Die Familienmitglieder / wurden fotografiert.

Die **lächelnden** Familienmitglieder / wurden fotografiert.

Attribut = Partizip Präsens

Das Kind / wurde / von seiner Freundin / getröstet.

Das **verletzte** Kind / wurde / von seiner Freundin / getröstet.

Attribut = Partizip Perfekt

Genitivattribut

Das Genitivattribut ist eine Beifügung zu einem Satzglied und wird verwendet, um einen Besitz anzuzeigen oder eine Zugehörigkeit auszudrücken. Das Attribut steht dabei im Genitiv.

<u>Beispiele:</u>

Die Wissenschaftler / forschen / nach den Ursachen.

Die Wissenschaftler / forschen / nach den Ursachen **der Krankheit.**

Genitivattribut: der Krankheit.

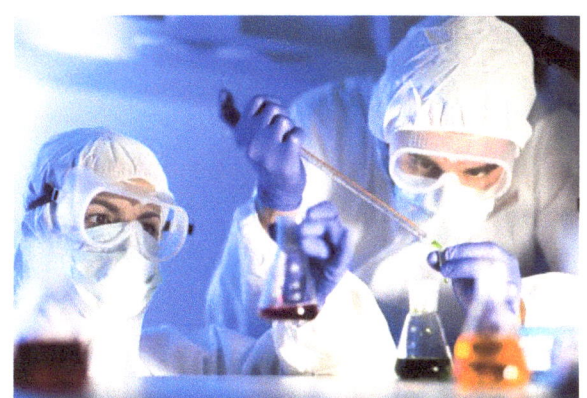

Die Samen / verteilen / sich / durch das Pusten.

Die Samen **des Löwenzahns /** verteilen / sich / durch das Pusten.

Genitivattribut: des Löwenzahns

Hände / umfassen / das Lenkrad.

Peters Hände/ umfassen / das Lenkrad.

Genitivattribut: Peters.

Genitivattribut oder Genitivobjekt?

Das Genitivobjekt wird häufig mit dem Genitivattribut verwechselt. Beide werden mit der Frage **„wessen?"** erfragt, das Genitivattribut ist aber nur ein Teil eines Satzgliedes.

Beispiel:

Der Koch des Restaurants   bereitet   den Pizzaboden   zu
Subjekt   Prädikat   Akkusativobjekt   Prädikat

Wessen Koch bereitet den Pizzaboden zu?
Antwort: des Restaurants. = **Genitivattribut** und Teil des Satzgliedes Subjekt

Das Genitivobjekt hingegen hängt vom Prädikat ab und folgt auf Verben wie zum Beispiel **einer Person gedenken, sich einer Sache schämen, einer Sache bedürfen, einer Sache entbehren** usw.

Beispiel:

Ein junger Elefant   bedarf   der Hilfe seiner Mutter
Subjekt   Prädikat   Genitivobjekt

Wessen bedarf ein junger Elefant?
Antwort: der Hilfe seiner Mutter. = **Genitivobjekt**

Präpositionales Attribut

Wird einem Satzglied eine Beifügung mit einer Präposition am Anfang hinzugefügt, spricht man von einem präpositionalen Attribut.

<u>Beispiele:</u>

Die Reise / war / für Lisa / ein Erlebnis.

Die Reise **nach Rom** / war / für Lisa / ein Erlebnis.

Präpositionales Attribut: nach Rom.

Die Freude / war / groß.

Die Freude **über das Wiedersehen** / war / groß.

Präpositionales Attribut: über das Wiedersehen.

Wir / kauften / Gewürze.

Wir / kauften / Gewürze **aus Indien.**

Präpositionales Attribut: aus Indien.

Infinitivattribut

Wird das Attribut aus einem Infinitiv mit *zu* in einem Satz gebildet, spricht man von einem Infinitivattribut.

<u>Beispiele:</u>

Seine Begabung / bewundere / ich.

Seine Begabung **zu malen** / bewundere / ich.

Infinitivattribut: zu malen.

Ihre Bereitschaft / mag / der Trainer.

Ihre Bereitschaft **zu trainieren** / mag / der Trainer.

Infinitivattribut: zu trainieren

Eure Art / gefällt / mir.

Eure Art **zu entspannen** / gefällt / mir.

Infinitivattribut: zu entspannen.

Infinitivattribut

Pronomen, Numerale und Adverbien als Attribute

Attribute können auch durch die Wortarten Pronomen, Numerale oder Adverb gebildet werden und fügen somit einem Satzglied nähere Informationen bei.

Beispiele:

Der Junge / streckt / seine Beine / in die Luft.

Der Junge **da** / streckt / seine Beine / in die Luft.

Adverb als Attribut: da.

Meine Freundin / kaufte / Brezen.

Meine Freundin / kaufte / **vier** Brezen.

Numerale als Attribut: vier.

Tulpen / gefallen / mir / am besten.

Diese Tulpen / gefallen / mir / am besten.

Pronomen als Attribut: diese.

Apposition

Eine Apposition (Beisatz) ist eine besondere Form des Attributs. Sie wird meist nachgestellt und in Kommas eingeschlossen und erklärt das Bezugswort genauer.

<u>Beispiele:</u>

Venedig, **eine Stadt im Nordosten Italiens,** ist sehr berühmt

Apposition

Wir besuchen das Brandenburger Tor, **eine Sehenswürdigkeit in Berlin**

Apposition

Die Apposition steht im gleichen Fall (Kasus) wie ihr Bezugswort.

Beispiele:

Harry Potter, **den berühmten Zauberschüler,** mögen die meisten Kinder.

Bezugswort   Apposition
= Akkusativobjekt   im Akkusativ

Andreas, **meinem Bruder,** verdanke ich diesen schönen Urlaub.

Bezugswort   Apposition
= Dativobjekt   im Dativ

Appositionen können auch mit den Wörtern **als** oder **wie** angefügt werden.

Beispiele:

Mir **als gutem Skifahrer** wäre das nicht passiert.

    Apposition mit als

Handwerksberufe **wie Schreiner oder Dachdecker** sind sehr nützlich.

    Apposition mit wie

Abschnitt 10

Übersicht Satzglieder

Satzglied	Frage	Beispiel
Subjekt (Satzgegenstand)	Wer oder was?	<u>Peter</u> liebt Autos.
Prädikat (Satzaussage)	Was tut ...?	Monika <u>lacht.</u>
Genitivobjekt (Satzergänzung im 2. Fall)	Wessen?	Max erfreut sich <u>bester Gesundheit.</u>
Dativobjekt (Satzergänzung im 3. Fall)	Wem?	Sie hilft <u>ihrer Mutter.</u>
Akkusativobjekt (Satzergänzung im 4. Fall)	Wen oder was?	Er mag <u>Pferde.</u>
Präpositionalobjekt	Präposition + Wem? oder Wen oder was?	Max fährt <u>mit ihm.</u>
Lokaladverbial (Adverbial des Ortes)	Wo? Wohin Woher?	Das Kind bleibt <u>hier.</u>
Temporaladverbial (Adverbial der Zeit)	Wann? Wie oft? Seit wann?	Ich komme <u>morgen.</u>
Kausaladverbial (Adverbial des Grundes)	Warum? Wozu? Weshalb?	<u>Wegen des Regens</u> bleibt er zu Hause.
Modaladverbial (Adverbial der Art und Weise)	Wie? Womit? Woraus?	Sie singt <u>schön.</u>

Bildnachweise: